हर लम्हा जिंदगी का

कीर्ति अग्रवाल

ISBN 979-888521349-3

क्रम-सूची

प्रस्तावना

इस पुस्तक में मैने जीवन के कुछ रंग बिरंगे किस्सों को सम्मिलित करने का प्रयास किया है। अपने जीवन के व अपने आसपास के कुछ दृश्यों को महसूस करते हुए मैने यह पुस्तक लिखी है। वास्तव में , जीवन का हर दृश्य बड़ा ही अद्भुत और दिलचस्प होता हैं । हाँ यह सत्य है कि हमारे जीवन मे आनंद ,उत्साह आदि के साथ साथ पीड़ा और नीरसता जैसे पलो का आगमन भी होता रहता है। परन्तु यदि हम इस खूबसूरत जीवन में अपने भीतर की आवाज को मंत्रमुग्ध होकर सुने और वही कार्य करने में विश्वास रखे जिसके लिए हमारा समाज और हमार मन हमे अनुमति देता है तब यह जीवन बहुत ही कुशलता से व्यतीत किया जा सकता है।

कदम कदम पर आने वाले सभी ऊंचे नीचे पड़ाव हमारे जीवन को सही आकार देने के लिए अति आवश्यक होते हैं इसलिए हमे अपने जीवन के सभी पड़ावों को धैर्यता के साथ पार करते रहना चाहिये। इसी के साथ मैं आशा करती हूं कि आप भी जीवन के सभी किस्सों का आनंद लेते हुए यह पुस्तक पढ़ेंगे।

पावती (स्वीकृति)

कभी धूप से तपती राहो में,
शीतल छाँव बन जाते है आप ....
कभी इम्तिहान की रातों में,
परामर्श का मेह बन जाते है आप....
कभी जीवन के कटु गरलों में,
मधुर चाशनी बन जाते है आप....
कभी तनहाई के लम्हो में,
मित्रो का संघ बन जाते है आप....
कभी तिमिर संग मुठभेड़ों में,
चन्द्रप्रभा बन जाते है आप.....
कभी शूल के चिंगारों में,
पुष्पो का लेप बन जाते है आप......
न जाने रब ने क्या खूब तोहफा दिया हमे,
जो विभिन्न रूपो में दर्शन देते रहते है आप....
बस हरदम हमारी यादो में,
दीपो की लौ बने रहते है आप....

1. एक झलक परिवार की

जब भी तैरने लगती हूँ , अपने अलग अंदाज में
कितने प्रेम नजर आते हैं , मेरे घर के काम काज में
सांझ सवेरे धीरे धीरे सभी का मन हर्षाया है
चाय की चुस्कियों के साथ,सबने अपना हाल बताया है
सुनो, सुनो, सुनो, सुनो
सुनो त्याग बलिदान का किस्सा, परिवार की आवाज में
कितने प्रेम नजर आते हैं मेरे घर के काम काज में
जब जब धूप का कवच, बदन का रस हर लेता है
तब तब छाँव की चुनरी ओढ़ , रिश्तो ने आकर घेरा है
सुनो, सुनो, सुनो, सुनो
सुनो सभी की चिंता मेरे हर पल के आगाज में
कितने प्रेम नजर आते हैं मेरे घर के काम काज में
हसना, रूठ जाना और कभी जीत कभी हार है
अलग अलग रंगों जैसा सबका अपना किरदार है
टप टप टपकाया है पसीना इस आँगन की लाज में
कितने प्रेम नजर आते हैं मेरे घर के काम काज में
जब भी तैरने लगती हूँ अपने अलग अंदाज में
कितने प्रेम नजर आते हैं मेरे घर के काम काज में.....

2. ख्वाहिशों का सिलसिला

कभी मन की चाहत तो कभी दुनिया की बंदिशें
दोनों एक साथ एक ही राहों पे मिलती हैं
फट जाता है अम्बर, और बह जाती हैं ख्वाहिशें
मगर संकल्पधारी की नाव नदियों पे मिलती है
हम दरिया हैं पर समंदर का ख्वाब रचा लेते हैं
खारे नीर में भी मीठा स्वाद बना लेते हैं
बिछ जाए पत्थर की शिला हमारी राहों में
हम कश्ती को फिर भी चला लेते है

3. नई उमंग किताबों के संग

तू व्यंगों में भटकता रहता है
किताब को अपना क्यों नही लेता ?
तू मौन ही मौन मरता रहता है
कलम को बता क्यों नही देता ?
तू सुखों का द्वार ढूंढता रहता है
पुस्तकालय की ओर कदम बढ़ा क्यों नही लेता ?
तू मोह माया में फसता रहता है
खुद से किया वादा निभा क्यों नही लेता ?
तू अंधेरों में कपकपाता रहता है
ज्ञान का दीप जला क्यों नही लेता ?
तू ख्वाबों को सजाकर भी उन्हें बिखेरता रहता है
संकल्प की ज्वाला से शूल मिटा क्यों नही देता ?

4. गगन में सदन

गगन में सदन बनायेंगे हम
चाँद तारों से जीवन सजायेंगे हम
हवाओं का ये झोंका साथ ना दे तो क्या
चाहत के पंखों से उड़ जायेंगे हम
जब होठो पे लरजिश का आना होगा
तब हाथों में शस्त्र उठायेंगे हम
छोटा सा तूफान हो या हो सूरज सा तेज सामने
रण भूमि में सभी को बुलायेंगे हम
हाँ ढले हैं अभी तो हम एक नन्ही कली मे
पर जल्द ही फूल बन जायेंगे हम
शूलों की तीखी चुभन भी सहकर
हर कोने में सुगन्ध फैलायेंगे हम
रंगीले सियारों से हाथ छुड़ाकर
उड़ती चिड़िया के पीछे उड़ते जायेंगे हम
ये हजारो वादे पूरे हो या ना हो
पर स्वयं से किया वादा निभायेंगे हम
गगन में सदन बनायेंगे हम
चाँद तारों से जीवन सजायेंगे हम

5. मुस्कान

बड़ी मीठी सी प्यारी सी होती है , मुस्कान
हर मुख की शोभा बढ़ा देती है , मुस्कान
कठिन इम्तिहान सुलभ बना देती है, मुस्कान
भयभीत को निर्भय बना देती है,मुस्कान
आँसुओ की धार छिपा देती है , मुस्कान
हर लम्हे को महका देती है, मुस्कान
प्रेम की नदियां बहा देती है , मुस्कान
बैरी को भी मित्र बना देती है, मुस्कान
बड़ी मीठी सी प्यारी सी होती है ,मुस्कान
हर मुख की शोभा बढ़ा देती है, मुस्कान

6. अकेले हैं

हम भी अकेले हैं
वो भी अकेले हैं
इधर उधर यहाँ वहाँ
झमेले ही झमेले हैं
बैठे हैं छुपके से
दृढ़ तन को पानी पानी किये
अश्कों की गोद मे
यादों की कहानी लिये
आता जाता मुसाफिर
कुछ ना समझ रहा है
खिल्लियां ले लेकर बस
निशाना छोड़ रहा है
नही मालूम है उनको
कि कितने मशहूर हुए हम
प्रेमी जुल्फों में फसकर
कितने मजबूर हुए हम
कुछ ऐसे ही सिलसिले हैं
मन पाखी के पंख अब
किनारे हो चले हैं
हम भी अकेले हैं
वो भी अकेले हैं
इधर उधर यहाँ वहाँ
झमेले ही झमेले हैं

7. अनकही दास्तां

आजकल खुद से बातें करने लगे हैं
खुली आँखों से रातें गुजारने लगे हैं
रिश्तों की दुनिया तो बहुत महकती है आसपास
पर असली महक अब आजमाने लगे हैं
इंतजार के सफर में हम भटकते रह गये
ख्वाब भी नींद में बिखरते रह गये
इन अधूरे ख्यालो में कुछ ऐसा हो गया
कि हम खुद ही खुद से नफरत करते रह गये
जब उम्मीदों वाला सूरज ढलने लगा
जब कुमुदिनी से भ्रमर बिछड़ने लगा
फिर इस दुनिया के रंग भी बेरंग हो गए
जब आँखों से आँसू झलकने लगा
ऊंची ऊंची डींगे हांक कर,सबका मन बहकाते हैं
सभी मतो का खण्डन कर,अपना चलन चलाते हैं
प्रेम की निर्मल धारा में,थोड़ी भी कायी लग जाये तो
रिश्तों का परिहास बनाकर,सच्चा चमन झुठलाते हैं
गिला क्यूँ करो तुम , दूसरों से अकसर
सिला ही कुछ अपना है, अपनो से अकसर
प्रतिघाती जंजीरों में उलझते उलझते
जख्मी हो जाते हैं हम हमारे कर्मो से अकसर

8. बच्चे

छैन छबीली अठखेलियों से
अपने खेल में सबको फसाते हैं बच्चे
नन्हे नन्हे कदमो से चलकर
आँगन को उपवन बनाते हैं बच्चे
प्यार प्रेम की परिभाषा में घुलकर
बंद कलियों को भी अपनाते हैं बच्चे
साफ सरल आईना सा मन रखकर
औपचारिकता को परे भगाते है बच्चे
प्यारी प्यारी छोटी छोटी नादानियों में
प्रतिकाष्ठा की मूरत बन जाते हैं बच्चे
कभी कभी हम भूले भटकों को भी
मुस्कुराहट का पाठ पढ़ाते हैं बच्चे
अपनी चंचलता भरी वाणी में उलझाकर
सभी के दिलो को लुभाते है बच्चे

9. युवाओं का जोश

देखो युवा बढ़ चले हैं....
खाली राहों को मुक्कमल बना रहे हैं
बचपन का खिलौना छोड़ के वो
नये रुख का खिलौना खुद बना रहे हैं
देखो युवा बढ़ चले हैं....
हयातों के दरिया पे धीरे धीरे
जिज्ञासाओं का पुल बांध रहे हैं
दौड़ के उस पर मंजिल चूम सकें वो
इसी खातिर मजबूत बना रहे हैं
देखो युवा बढ़ चले हैं....
खौलाकर लहू की हर बूँद को
हड्डियाँ तराश रहे हैं
व्यथाओं में निकली हर चीख से
स्वयं को पत्थर बना रहे हैं
देखो युवा बढ़ चले हैं....
नये पड़ावों की सख्त सी चमड़ी पे
पसीने की बूँद को प्रसाधन बना रहे हैं
लगाकर देह पर उद्यम का लेप
माथे पे चुनौती का टीका सजा रहे हैं
देखो युवा बढ़ चले हैं....
देखो युवा बढ़ चले हैं...

10. वक्त

वक्त की बेड़ियाँ न पहन तू
ये वक्त तो गुजर जायेगा
है तेरे रक्त में निपुणता की महक अगर
तो ये वक्त भी तेरा ख़यामत बन जायेगा
डगमगाया जो आत्मबल तेरा
नव वक्त क्या कर पायेगा
बिन खोल राहों की पाबंदियां
आने वाला वक्त भी यूँ ही चला जायेगा
अगर ध्येय हुआ सुकुमार तेरा
उस वक्त को फिर सुयोग मिल जाएगा
हयातो की इस क्रीड़ा में
बन खिलाड़ी वो तुझे फिर शिकस्त कर जाएगा

11. जीवन का गणित

करें खुदा से कामना....
जीवन के गणित का प्रश्न , अब हल हो जाये
पुनः प्यारे प्यारे सूत्रों से, जीवन का क्षेत्रफल मिल जाये
इकाई वाले अंक, दहाई वाले हो जाये
है आन मान शून्य का भी, ये प्रमाणित हो जाये
आड़े तिरछे वक्रों से , कलम विचलित ना हो जाये
जीवन की इन भिन्नो में, हर अंश के समान हो जाये
वृत, बेलन, और त्रिभुज, सबसे मुठभेड हो जाये
मगर अपनी ये संस्कृति ,पाई जैसी बन जाये
बिखरे बिखरे रिश्तो के बिंदु, इक रेखा में बंध जाये
अनन्त से गुजर रही ख्वाहिशो की स्पर्श रेखा,
आधे गोले के बहकावे में किसी कोण पे न मुड़ जाये
जोड़ होवे गुणा होवे ,नोक झोक का घटाव भी,
पर मुकामो की ये परिधि कही विभाजित न हो जाये
करें खुदा से कामना......
जीवन के गणित का प्रश्न ,अब हल हो जाये
पुनःप्यारे प्यारे सूत्रों से, जीवन का क्षेत्रफल मिल जाये

12. वृद्ध मन

सुलझी सुलझी सी बातों में ही, उलझ गया मेरा मन
चल रहा सब आसपास पर, रुक गया मेरा मन
लुट गया जीवन का यौवन,लुट गयी अनुकूल अदाएँ
आ गया पतझड़ सा सावन ,आ गयी प्रतिकूल हवाए
बाहर से चुप चुप रहता हूँ, भीतर भीतर ही कहता हूँ
शौक से कभी जो दीप जलाये,उनसे खुद जलता रहता हूँ
लेकर पुरानी शीतल यादें,आज की प्यास बुझा रहा हूँ
लिया था जो ऋण हसाने वास्ते,अब आंसुओ से ब्याज चुका
रहा हूँ
चिल्ला रहा है सारा संसार,पर मुझ जैसे सब मौन खड़े हैं
हिम्मत बहुत है कुछ कर जाने की,पर अपनो के आगे लाचार
खड़े हैं
शब्दों का ज्ञान दिया था जब, क्या पता था स्वयं घायल हो
जाऊंगा
शस्त्रों का ज्ञान दिया था जब, क्या पता था स्वयं शिकार
हो जाऊंगा

13. कुछ नही चाहिए

न झूठी महफ़िल चाहिए,
न औपचारिक मित्र चाहिए,
जो इन शिराओ में बहते रक्त की मह␣क जान सके,
बस दुनिया का वो फ़रिश्ता चाहिए।
न शरद ऋतु चाहिए ,
न मेघो की गरजना चाहिए,
जो व्यथाओं से दहकती अग्नि बुझा सके,
बस ऐसी मूसलाधार वर्षा चाहिए।
न उंगलीयों पे चलती कठपुतली चाहिए,
न सुर में सुर मिलाने वाला चाहिये,
जो इस धड़कन की गुनगुनाहट सुन सके,
बस ऐसा एक श्रोता चाहिए।
न अधिक कर्मवीर चाहिए ,
न अधिक ज्ञानी चाहिए,
जो मेरा काव्य समझ सके,
बस ऐसा एक कवि चाहिए।
परिवार तो सबका होता है सलोना
मगर जो माथे पर खिंची हर लक़ीर गिन सके,
परिवार में ऐसा गणितज्ञ चाहिए।

14. अभावों में भाव देना होगा

भीड़ में उठती निंदाओं को
विपरीत चलती हवाओं को
रक्त की बहती धाराओं को
पथ में मिलती बाधाओं को
आज गहरा घाव देना होगा
लक्ष्य के खातिर कर्मो को भी
अभावों में भाव देना होगा
आँसू के खारे पानी से
भूली भटकी कहानी से
विजय की हुंकार जगानी है
इस जीवन के मधुर संगीत की
अब हमको ही लाज बचानी है
त्याग, प्राण मोह के बंधन को
जो ज्वाला का लावा पी लेगा
निर्भययुक्त हाड़ा रानी के संग संग
वो मर कर भी हर युग में जी लेगा
कंचन की उस कसौटी पर
अब तन मन अर्पण करना होगा
जब तक ख्वाब पूरे ना हो
तब तक हमको चलना होगा
लक्ष्य के खातिर कर्मो को भी
अभावों में भाव देना होगा

15. कलयुग की राधा

बड़े जतन करते हैं सरल कान्हा बनने को
मीठे कथन भी कहते हैं गोपियाँ फसाने को
सहज द्वापर नही है ये कोई समझाये जरा इनको
जो करते हैं व्यर्थ है कलयुग की राधा पाने को
अगर बाँसुरी ना रखो तुम , तो मधुर अल्फाज रख लेना
मेरे प्रीत के दामन की , इस बार लाज रख लेना
द्वापर में तो तुम बिन मैने हर आंसू पी लिया
मगर कलयुग है ये प्यारे, अब फिर कोई राज ना रख लेन
चाहे तू श्याम बन जाये पर मैं राधा ना बनुँगी
तेरी रुक्मिणी बनकर ही तेरे साथ चलुँगी
राधा सा प्रेम मुझसे, तू करना या मत करना
पर तेरे विरह का पल अब देख ना सकुँगी

16. मुलाकात

जब पहली पहली मुलाकात हुई थी
ख्वाबों से गहरी बात हुई थी
भावों की सूची दिल में छुपाने पर
भीतर रिमझिम सी बरसात हुई थी
आधी रात में आँख खुली तो
एक खूबसूरत सपना टूटा था
पर अगले दिन की मुलाकातों में
वो फिर बिल्कुल ना रूठा था
तन्हाई के हर कोने में
यादों का पिटारा खुलता था
जुदाई में भी अकसर बस
मुलाकात का सवेरा चहकता था
अनकहे लफ्ज़ो के सहारे
मन का हाल बताया करते थे
उसकी एक अधूरी सी मुस्कान पर
हाल बेहाल हो जाया करते थे
नंगे पांव दौड़े चले जाने पर
अंत मे हमारी जीत हुई थी
जितना भी दर्द सहा राहों में
मुलाकात में उतनी ही प्रीत हुई थी
जब पहली पहली मुलाकात हुई थी
ख्वाबों से गहरी बात हुई थी

17. एक नगमा प्यार का

फूलों का ये आलम ,
मुझे अच्छा नही लगता
भरी महफ़िल में ये अकेलापन,
मुझे अच्छा नही लगता
हाँ जी रही हूँ मैं
एक जिंदा लाश की तरह,
क्यूँकि तेरे बिना यहाँ कुछ,
मुझे अच्छा नही लगता
यहीं सोफे पे बैठकर पूरा दिन
बस हमारी यादें सजाती हूँ
तेरी तसवीर को सीने से लगाकर
तुझे हर राज बताती हूँ
रात मे जब तेरा ख्वाब
मेरी पलकों पर टहलने आता है
तब तेरी निगाहों में घुलकर
मुझे थोड़ा सुख चैन आता है
फिर खूब झूलती तेरी बाहों में
और ऐसी मदहोश हो जाती हूँ
कि तेरे ख्यालो में रंग भरते भरते
मैं खुद रंगीन हो जाती हूँ
जब छुपकर मेरी जुल्फों में हम
आँख मिचोली खेला करते हैं
तब देखकर हमारी इन अदाओं को

चाँद तारे भी मुस्कुराया करते हैं
मगर अकसर तभी इन रातो का ये लम्हा
भोर की किरणों में ढल जाता
जैसे पुनः रूठ गया हो तू मुझसे
ऐसी खताओं में बदल जाता
फिर तो सुबह की चाय पर भी
मेरा दिल नही लगता
क्यूंकि तेरे बिना यहाँ कुछ
मुझे अच्छा नही लगता

18. मोहब्बत

मोहब्बत अदावत है सारा जमाना कहे
पर ओझल जख्मों का मरहम है मेरा तराना कहे
न शौहरत है रहीसों की
न गरीबों की आस है
रक्त से शिराओं का एक अहसास है
न कोई जादू है
न कोई दीवानापन
बस आँखों से आँखों का है एक अपनापन

19. हलचल

जीवन के सभी किस्से
सभी बातों में है हलचल
हमारी पलको पर टहल रहे
सभी ख्वाबो में है हलचल
बड़ा ही अनोखा सा
ये सलीका है इस दिल का
कि तब जुदाई में हलचल थी
अब मुलाकातों में है हलचल